MI LIBRO DE LECTURA Y ESCRITURA

Mc
Graw
Hill

COVER: Nathan Love.

mheducation.com/prek-12

Send all inquiries to:
McGraw-Hill Education
Two Penn Plaza
New York, New York 10121

ISBN: 978-0-07-702820-6
MHID: 0-07-702820-1

Printed in the United States of America.

4 5 6 7 8 9 10 11 LMN 24 23 22 21 20

B

¡Bienvenidos a Maravillas!

Explora textos apasionantes de Literatura, Ciencias y Estudios Sociales.

★ LEE acerca del mundo que te rodea.

★ PIENSA, HABLA y ESCRIBE sobre géneros literarios.

★ COLABORA en charlas e investigaciones.

★ ¡EXPRÉSATE!

my.mheducation.com

Con tus datos de acceso podrás leer textos, practicar fonética, ortografía, gramática y mucho más.

Unidad 3 Cambios con el paso del tiempo

La gran idea

Semana 1 • ¿Qué hora es?

 Recursos digitales Vea este libro electrónico y otros recursos en **my.mheducation.com**

Semana 2 • ¡Mira cómo crece!

Semana 3 • Cuentos en el tiempo

Semana 4 • Antes y ahora

Semana 5 • De la granja a la mesa

Escritura y gramática

Conclusión de la unidad

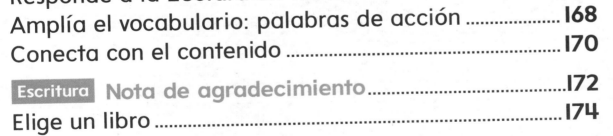

Cambios con el paso del tiempo

 Escucha y piensa en lo que dice el poema "Cambios, cambios".

 Comenta lo que está haciendo la niña de la ilustración. ¿Qué puede hacer ahora que no podía hacer cuando era más pequeña?

La gran idea

¿Qué sucede a medida que pasa el tiempo?

Coméntalo

Comenta qué usan estos niños para decir la hora.

 Escribe otras maneras que conozcas para decir la hora.

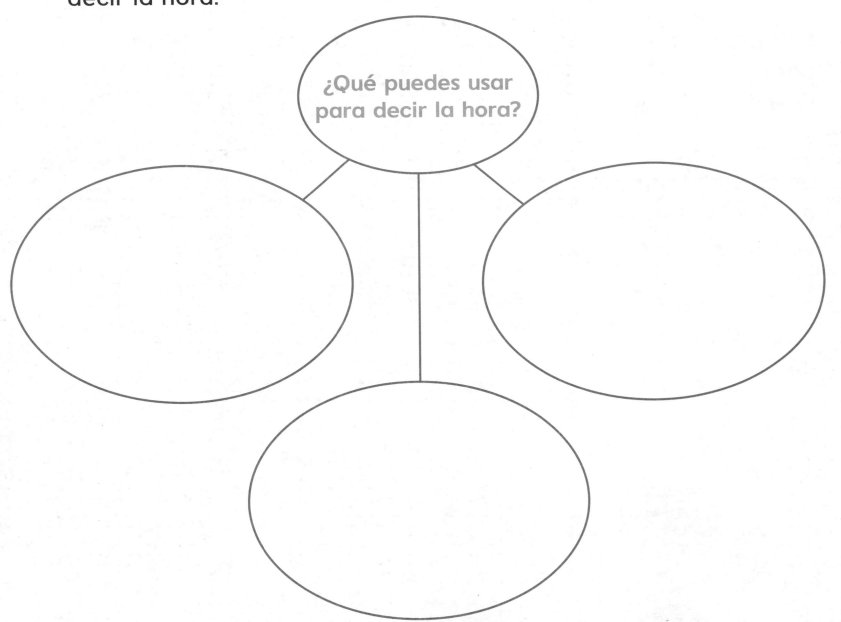

¿Qué puedes usar para decir la hora?

Lectura compartida

Leer

Buscar evidencias

Lee para saber por qué debe levantarse Ramona.

Señala cada palabra del título a medida que la lees.

 ¿Cómo medimos el tiempo?

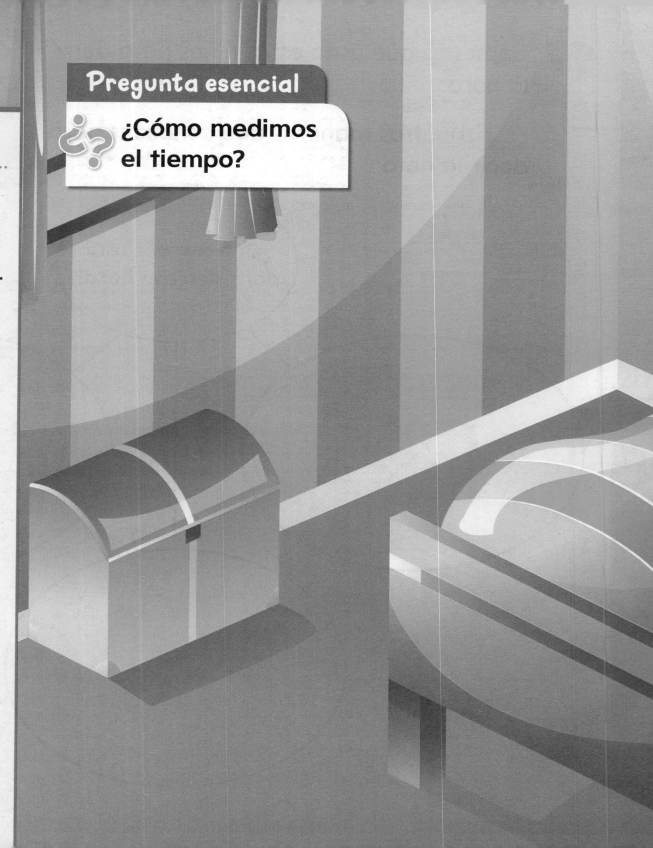

¡ARRIBA, RAMONA!

Luciano Bello

6:28 AM

Buscar evidencias

Subraya y lee en voz alta la palabra *vez*.

Encierra en un círculo y lee en voz alta las palabras que empiezan con la letra *r*.

La ratona Ramona es muy remolona.

Por la mañana se aferra a la cama.

Rara vez se levanta antes de la una.

¡A Ramona le gusta tanto dormir!

Buscar evidencias

 Comenta lo que hace Ramona. ¿Qué crees que pasará a continuación?

 Subraya y lee en voz alta la palabra *cuando*.

A Ramona le gusta su suave ropa de dormir. Cuando sale de la cama, se pasea en camisón.

Desayuna una rebanada de pan, bananas y rábanos rosa.

Cuando desayuna, lee una revista.

Lectura compartida

 Leer

 Buscar evidencias

 Encierra en un **círculo** y lee en voz alta las palabras con sílabas con *rr*.

 Comenta tu predicción. ¿Era correcta? ¿Necesitas cambiarla?

Pero hoy pasa algo distinto. Ramona sale rápido de la cama. ¡Es que hoy va a salir a correr!

¡Arriba, Ramona!

¡Pronto, busca tu ropa y sal a correr!

Buscar evidencias

 Comenta lo que hace Ramona después de correr. ¿Cómo es Ramona?

 Vuelve a contar el cuento usando las imágenes y las palabras.

Ramona corre cerca de su casa.

Le gusta correr... ¡y es muy rápida!

Después de correr, está muy cansada.

¡Y se recuesta otra vez en la cama!

¡Arriba, Ramona!

Las fantasías tienen personajes inventados. Se pueden contar en primera persona o en tercera persona.

 Vuelve a leer "¡Arriba, Ramona!" para saber quién cuenta esta fantasía.

 Comenta quién cuenta el cuento y cómo lo sabes.

 Escribe las palabras que te indican en qué persona se cuenta la historia. Dibuja al personaje de quien se habla.

Palabras que sirven de indicio	Personaje

Los **personajes** son las personas o los animales del cuento. El **ambiente** es el lugar y el momento en los que ocurre el cuento. La **trama** consiste en los sucesos principales del cuento. Esos sucesos le dan un principio, un desarrollo y un final.

 Vuelve a leer "¡Arriba, Ramona!".

 Comenta los principales sucesos del cuento.

 Escribe lo que pasa al principio, en el desarrollo y al final del cuento.

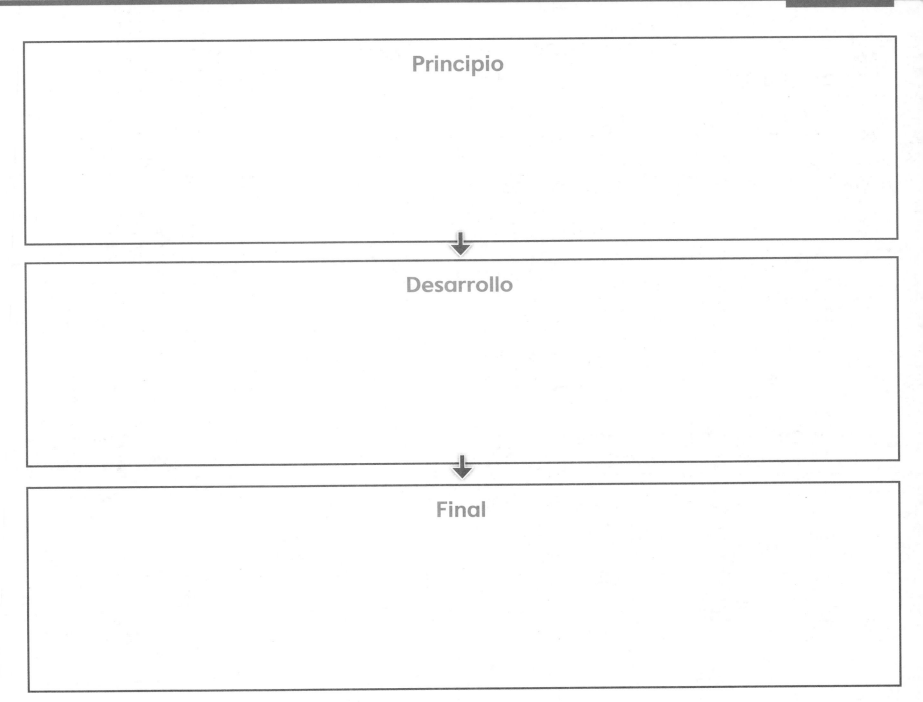

Principio

Desarrollo

Final

Vuelve a contar el cuento con tus propias palabras.

 Escribe acerca del cuento.

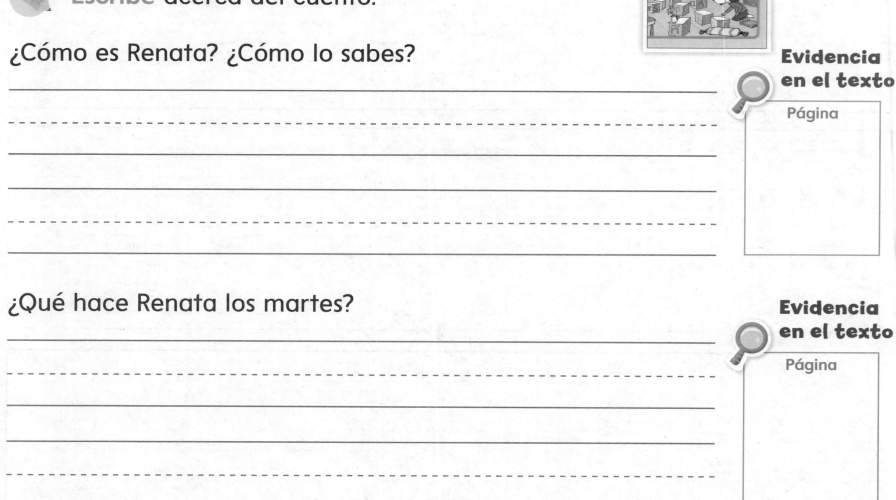

¿Cómo es Renata? ¿Cómo lo sabes?

_____

_____

_____

_____

Evidencia en el texto

Página

¿Qué hace Renata los martes?

_____

_____

_____

_____

Evidencia en el texto

Página

Comenta en qué se parecen y en qué se diferencian ambos cuentos.

 Escribe acerca de los cuentos.

¿En qué se parecen Ramona y Renata?
¿En qué se diferencian?

_____

- -

_____

- -

_____

¿El domingo también es tu día favorito?

_____

- -

_____

- -

_____

Haz inferencias

Puedes usar detalles y lo que sabes para comprender por qué el domingo es el día favorito de Renata. ¿Qué haces tú los domingos?

Comenta qué hace Renata en las páginas 8 y 9.

 Completa el calendario con las claves del cuento.

lunes	martes

¿Cómo organiza el autor los sucesos del cuento?

_____

- -

_____

_____

- -

_____

Comenta qué hace Renata en las páginas 10-12.

 Completa el calendario con las claves del cuento.

miércoles	jueves	viernes

¿Por qué crees que el autor comienza cada página con un día de la semana?

_____

- -

_____

_____

- -

_____

Comenta cómo sabes que este cuento es una fantasía.

 Escribe algunas claves que te ayuden a comprender que se trata de una fantasía.

Lo que pasa	Por qué no puede pasar en la vida real

¿Por qué crees que el autor eligió que los personajes del cuento fueran animales?

_____
- -
_____
_____
- -
_____

 Escríbelo

Escribe cuatro páginas nuevas para el cuento. Cuenta qué sucede otra semana.

¡Ya es hora!

Algunos relojes tienen agujas. Las agujas señalan los números. Algunos relojes solo tienen números.

Todos los relojes te dicen la hora y los minutos.

En una hora hay 60 minutos. En un minuto hay 60 segundos.

 Lee para aprender sobre diferentes maneras de decir la hora.

 Subraya la oración que dice en qué se parecen todos los relojes.

 Comenta en qué se diferencian los relojes.

Hace mucho tiempo no había relojes con agujas. Para saber la hora se usaban relojes de sol.

Este reloj marcaba la hora con el movimiento del sol. El sol formaba una sombra que indicaba la hora. Pero el reloj de sol no mostraba los minutos. ¿Qué hora indica el reloj de la foto?

David J. Green/Alamy

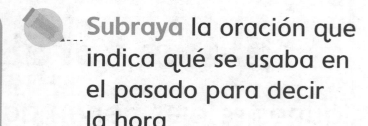

Subraya la oración que indica qué se usaba en el pasado para decir la hora.

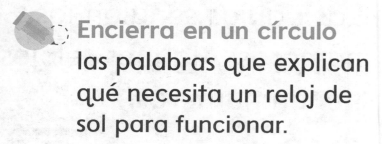

Encierra en un círculo las palabras que explican qué necesita un reloj de sol para funcionar.

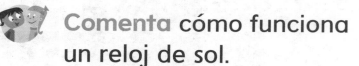

Comenta cómo funciona un reloj de sol.

Acuérdate

Mira el reloj de sol en la foto. ¿Qué pasará cuando el sol se mueva?

Comenta la información del texto.

 Escribe cuáles son los datos más importantes de las páginas 31 y 32.

Página 31	Página 32

¿Por qué "¡Ya es hora!" es un buen título para este texto?

_____

- -

_____

- -

_____

Coméntalo

¿Qué quiere el autor que aprendas al leer este texto?

Cuéntame tu día

Paso 1 **Elige** a un compañero para preguntarle
cómo fue su día.

_____

- -

_____

Paso 2 **Decide** qué quieres saber acerca del día
de tu compañero. Escribe tus preguntas.

_____

- -

_____

_____

- -

_____

_____

Paso 3 **Haz** tus preguntas.

Paso 4 Escribe lo que investigaste sobre cada parte del día de tu compañero.

Partes del día de mi compañero	Lo que suele pasar

Paso 5 Decide cómo presentarás tu trabajo.

Comenta quién habla en esta canción.

 Compara esta canción con el comienzo de "¡Arriba, Ramona!".

Acuérdate

Para comparar el cuento y la canción, puedes completar las siguientes oraciones:

Juan tiene que…

Ramona tiene que…

Arriba, Juan

—Arriba, Juan. Arriba, Juan.

Ya cantó el gallito.

—Ay, no, mamá. Ay, no, mamá.

Es muy tempranito.

—Arriba, Juan. Arriba, Juan.

Vamos a la escuela.

—Ay, no, mamá. Ay, no, mamá.

Me duele la muela.

Lo que sé ahora

Piensa en los textos que escuchaste y leíste esta semana acerca del tiempo. Escribe lo que aprendiste.

_____

- -

_____

- -

_____

- -

_____

 Piensa qué más te gustaría aprender acerca del tiempo. Comparte tus ideas.

 Comenta algo que aprendiste esta semana acerca de las fantasías.

Coméntalo

 Pregunta esencial ¿Cómo cambian las plantas a medida que crecen?

Comenta lo que ves en la imagen.

 Escribe lo que sabes acerca de lo que necesitan las plantas para crecer.

Las plantas necesitan

Buscar evidencias

 Lee el título. ¿De qué crees que trata la obra?

 Lee para saber qué hace esta familia de hortelanos.

Pregunta esencial

¿? **¿Cómo cambian las plantas a medida que crecen?**

Familia de hortelanos

Buscar evidencias

 Comenta lo que dicen los personajes de esta obra de teatro. Haz una predicción acerca de lo que ocurrirá a continuación.

 Subraya y lee en voz alta las palabras *juntos* y *familia*.

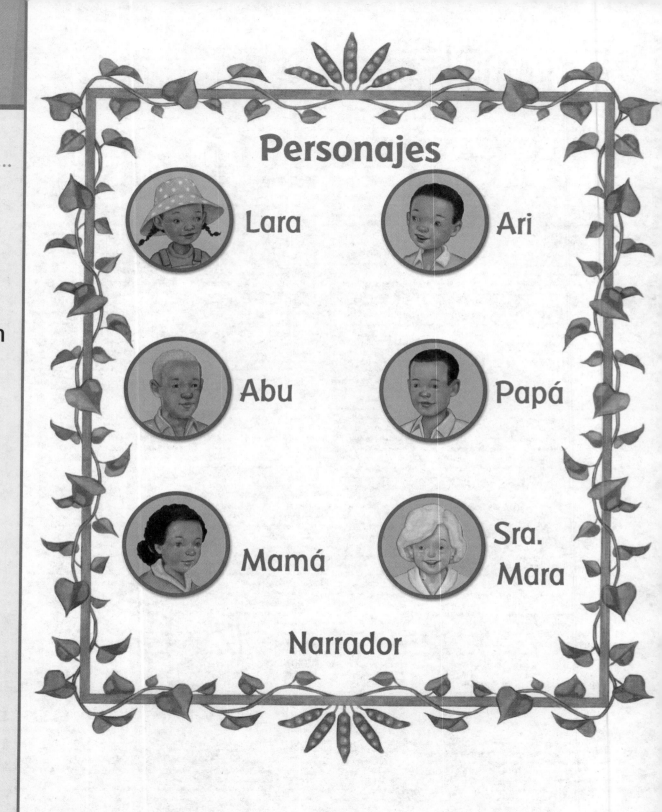

Personajes

Lara

Ari

Abu

Papá

Mamá

Sra. Mara

Narrador

Lara: Mamá, papá, ¿podemos tener una huerta?

Papá: ¡Qué bonita idea, Lara!

Abu: Haremos una huerta todos juntos.

Ari: ¡Seremos una familia de hortelanos!

Lectura compartida

Leer

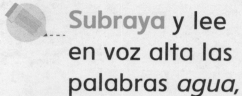

🔍 **Buscar evidencias**

✏️ **Subraya** y lee en voz alta las palabras *agua*, *flores* y *aire*.

 Piensa en lo que dicen los personajes. Comenta tu predicción. Corrígela si es necesario.

Mamá: Hay que arar la tierra.

Ari: ¡Para poner semillas!

Abu: Yo pondré algo verde.

Lara: ¡Y yo pondré el agua!

Narrador: Pasan los días. Pasa el sol. Pasa la lluvia.

Lara: Mira, papá. ¡Qué flores hermosas!

Papá: Sí, a ellas les gusta el sol, la tierra, el aire y el agua.

Lectura compartida

 Buscar evidencias

 Encierra en un círculo y lee en voz alta las palabras que dice Lara que tengan el sonido *r*.

 Comenta tu predicción. ¿Fue acertada? Haz una nueva predicción acerca de lo que pasará a continuación en la obra.

Narrador: Pasan los días. Pasa el sol. Pasa la lluvia.

Lara: ¿Están maduras las verduras?

Papá: Sí. Es hora de cosechar.

Mamá: ¡Dile a Ari, Lara!

Ari: ¡Eres un hortelano
muy hábil, Abu!

Abu: No soy yo. Son el sol,
la tierra, el agua y el aire.

Lectura compartida

🔍 **Buscar evidencias**

 Encierra en un círculo y lee en voz alta las palabras que terminan en *r*.

 Vuelve a contar la obra usando las imágenes y palabras del texto.

Narrador: La familia se pone a cosechar.

Ari: ¡Hay un montón!

Abu: No podemos comer tantas verduras…

Lara: ¡Tengo una idea!

Ari: Son para usted, Sra. Mara.

Sra. Mara: ¡Muchas gracias! ¡Qué color más hermoso!

Lara: ¡Son así gracias al sol, a la tierra, al agua y al aire!

El **teatro** es un género literario. Una obra de teatro es un texto escrito para ser representado. Tiene diálogos, es decir, palabras que dicen los personajes, y un ambiente.

 Vuelve a leer "Familia de hortelanos" para saber por qué es una obra de teatro.

 Comenta cómo sabes que es una obra de teatro. Luego describe el ambiente.

 Escribe algo que aprendiste sobre Lara y Ari a partir del diálogo.

Personaje	Lo que aprendí del diálogo

Los sucesos de los cuentos u obras de teatro ocurren en cierto orden o secuencia. Los sucesos conforman la trama del cuento o la obra.

 Vuelve a leer "Familia de hortelanos".

 Comenta lo que pasa primero, después y al final de la obra.

 Escribe los sucesos de la obra en la secuencia correcta.

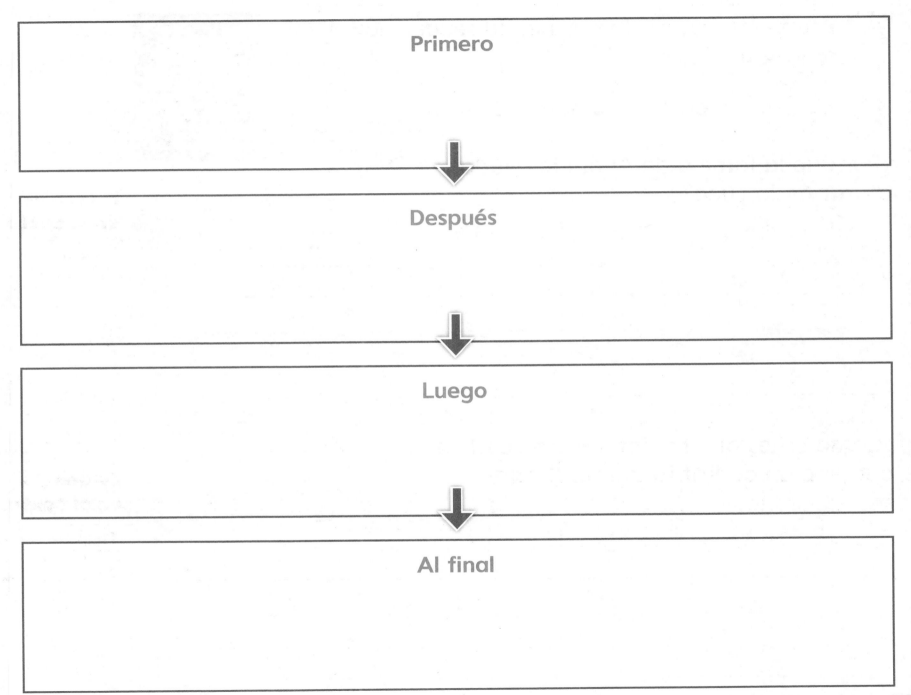

Primero

Después

Luego

Al final

Vuelve a contar la obra en la secuencia correcta.

 Escribe acerca de la obra de teatro.

¿Por qué la familia de Anahí le ayuda a tirar de la yuca?

_____

_ _

_____

_ _

Evidencia en el texto

Página

¿Cómo crees que se sintió Homero al ver que el plan de Ratita dio resultado?

_____

_ _

_____

_ _

Evidencia en el texto

Página

 Comenta en qué se parecen y en qué se diferencian ambas obras de teatro.

 Escribe acerca de las obras.

¿Qué sorprende a los personajes de ambas obras?

_____

_____

_____

_____

_____

¿Cuál de las dos sorpresas preferirías tener? ¿Por qué?

_____

_____

_____

_____

Haz inferencias

Usa las claves de los diálogos para descubrir lo que sorprende a los personajes.

Cuando Ari ve cuántas verduras cosecharon, dice…

Cuando Anahí tira de la yuca para sacarla, dice…

Comenta cómo se sienten los personajes en las páginas 28-30.

 Escribe cómo se sienten los personajes.

Anahí dice…		Se siente…

Papá dice…		Se siente…

¿Cómo te ayuda la autora a comprender cómo se sienten los personajes?

_____

- -

_____

_____

Comenta lo que dice y hace Anahí
en las páginas 28 y 34.

 Escribe las claves de la obra que te
ayudan a saber lo que le gusta a Anahí.

En la página 28, Anahí…	En la página 34, Anahí…

¿Qué le gusta hacer a Anahí?

_____

_____

_____

_____

_____

Comenta lo que dice Ratita en la página 37.

 Escribe qué sabes de Ratita.

Cuando…	me ayuda a saber que…
Ratita dice:	

¿De qué manera el diálogo te brinda información sobre los personajes?

_____

- -

_____

- -

_____

 Escríbelo

¿Qué otra cosa podría decir Ratita? Escribe más líneas de diálogo para Ratita al final del texto.

Cómo crecen las plantas

Cuando se siembra la semilla, sale una raíz que entra en el suelo. La raíz sostiene la planta. Para seguir creciendo, la planta necesita agua.

El tallo crece hacia arriba desde la semilla. Cuando sale del suelo, se llama brote. Del tallo crecen hojas verdes.

Lee para aprender cómo crecen las plantas.

Subraya la oración que dice para qué sirve la raíz.

Comenta cómo te ayuda la foto a comprender qué es un brote.

Acuérdate

Puedes usar las fotos como ayuda para comprender el significado de palabras que no conoces.

Nic Miller/Organics image library/Alamy

Con el tiempo, la planta florece. ¡Le salen flores hermosas! Después, dará frutos, como esta calabaza. La planta de calabaza da muchos frutos.

Dentro del fruto hay semillas. Si siembras las semillas, de ellas crecerán plantas nuevas.

Encierra en un círculo las palabras que explican lo que pasa si siembras las semillas.

Subraya la palabra que dice qué hay dentro del fruto.

Comenta la última oración. ¿Qué información te brinda acerca del ciclo de crecimiento?

flor

fruto

Acuérdate

Usa el texto y la fotografía como ayuda para comprender el texto.

msgrafixx/Shutterstock.com

Comenta la secuencia del texto.

 Escribe la secuencia.

Primero, de la semilla…	Después, de la semilla…
Luego, la planta…	Al final, puede…

¿Cómo está organizada la información en el texto?

_____

- -

_____

- -

_____

Coméntalo

¿Qué otro título le pondrías al texto?

De la semilla a la planta

Paso 1 Elige una planta para investigar.

_____

- -

_____

Paso 2 Escribe preguntas acerca de tu planta y
lo que necesita para crecer.

_____

- -

_____

_____

- -

_____

_____

- -

_____

Paso 3 Consulta libros o páginas de internet para
hallar las respuestas a tus preguntas.

Paso 4 Haz una lista de lo que aprendiste acerca de las necesidades de tu planta.

_____

- - - - - - - - - - - - - - - -

_____

- - - - - - - - - - - - - - - -

_____

- - - - - - - - - - - - - - - -

_____

- - - - - - - - - - - - - - - -

_____

- - - - - - - - - - - - - - - -

_____

- - - - - - - - - - - - - - - -

_____

- - - - - - - - - - - - - - - -

_____

Paso 5 Dibuja tu planta y rotula sus partes.

Paso 6 Decide cómo presentarás tu trabajo.

Comenta por qué "La vida de una granada" es un buen título para esta pintura.

 Compara la granada con las otras plantas sobre las que leíste esta semana.

Acuérdate

Puedes comparar las plantas al completar las siguientes oraciones:

Una granada tiene...

Las otras plantas también tienen...

Esta pintura muestra las semillas, el árbol, la flor y el fruto de la granada.

Lo que sé ahora

Piensa en los textos que escuchaste y leíste esta semana acerca de las plantas. Escribe lo que aprendiste.

_____

- -

_____

_____

- -

_____

_____

- -

_____

 Piensa qué más te gustaría aprender acerca de las plantas. Comenta tus ideas.

 Comenta algo que aprendiste esta semana acerca de las obras de teatro.

Coméntalo

Pregunta esencial ¿Qué es un cuento folclórico?

Coméntalo

Pregunta esencial ¿Qué es un cuento folclórico?

Comparte tus ideas acerca de los personajes que están representando estos niños.

 Escribe el nombre de algunos personajes de cuentos folclóricos que conozcas.

Cuento folclórico	Personajes

Lectura compartida

Leer

Buscar evidencias

 Lee para saber qué les sucede a las tres abejas y al girasol.

 Señala cada palabra del título y léela en voz alta.

Pregunta esencial

¿Qué es un cuento folclórico?

Las tres abejas y el girasol

Marisa Cattani

Lectura compartida

Leer

Buscar evidencias

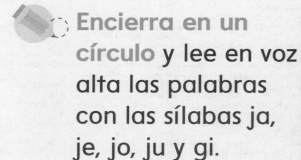

Encierra en un círculo y lee en voz alta las palabras con las sílabas ja, je, jo, ju y gi.

Subraya y lee en voz alta las palabras *juguemos, cantar* y *estoy.*

Había una vez tres abejas que bajaron de su panal. Encontraron unos girasoles tan lindos que se quedaron a jugar con ellos.

—¡Juguemos a que somos girasoles! —dijo Abeja Uno.

—Sí, giremos como los girasoles —dijeron Abeja Dos y Abeja Tres.

Las abejas jugaban a girar y cantar sin parar en cada girasol.

—¡Miren dónde estoy! —dijo una.

—¡Vamos! —dijeron las otras dos.

Buscar evidencias

Subraya y lee en voz alta las palabras *mientras* y *allá*.

Comenta lo que les pasó a las abejas. Haz una predicción acerca de lo que va a pasar después.

Mientras giraban, el sol se movía por el cielo. Y los girasoles giraban para mirarlo. Cuando las abejas intentaron volver al panal, notaron que estaban perdidas.

—Cuando vinimos, los girasoles miraban al panal —dijo Abeja Uno.

—Vinimos en la mañana —dijo Abeja Dos.

—Entonces es para allá —dijo Abeja Tres.

—No, para allá —dijo Abeja Uno.

Buscar evidencias

Encierra en un círculo y lee en voz alta la palabra que se repite con la sílaba *gi*.

Comenta tu predicción. ¿Fue acertada? Haz una nueva predicción acerca de cómo terminará el cuento.

Un girasol dijo:

—¿Están perdidas?

—Sí. ¿Para dónde mirabas en la mañana?

—Miraba al sol —dijo el girasol.

—¿Y dónde estaba el sol? —dijo la abeja.

—No lo sé. Solo miramos el sol y después dormimos —dijo el girasol.

—¡Entonces no podemos volver al panal! —dijeron las abejas.

—Tienen una forma de volver —dijo el girasol—. Esperen hasta la mañana. A esa hora siempre miramos al mismo lado.

Buscar evidencias

 Comenta lo que pasó al final del cuento. ¿Fue acertada tu predicción?

 Vuelve a contar el cuento usando las imágenes y las palabras del texto.

—¡Tiritamos de frío! —dijo Abeja Uno.

—Si se tapan con mis pétalos se sentirán mejor —dijo el girasol.

—¡Eres muy generoso! —dijeron las abejas.

A la mañana siguiente, las abejitas volvieron al panal. Desde entonces, decidieron visitar todos los días a su amigo girasol.

El **cuento folclórico** es un género literario. Son historias que se han contado por muchos años. A veces sus personajes son animales que se comportan como humanos.

 Vuelve a leer "Las tres abejas y el girasol" para saber por qué es un cuento folclórico.

 Conversa acerca de la frase "Había una vez". ¿Qué significa?

 Escribe dos claves del cuento que te indiquen que se trata de un cuento folclórico.

Claves que indican que es un cuento folclórico

La **trama** es la serie de sucesos que ocurren en un cuento. Una **causa** es lo que hace que pase algo en un cuento. Un **efecto** es lo que pasa.

 Vuelve a leer "Las tres abejas y el girasol".

 Conversa acerca de las causas y los efectos en este cuento folclórico.

 Escribe las causas y los efectos.

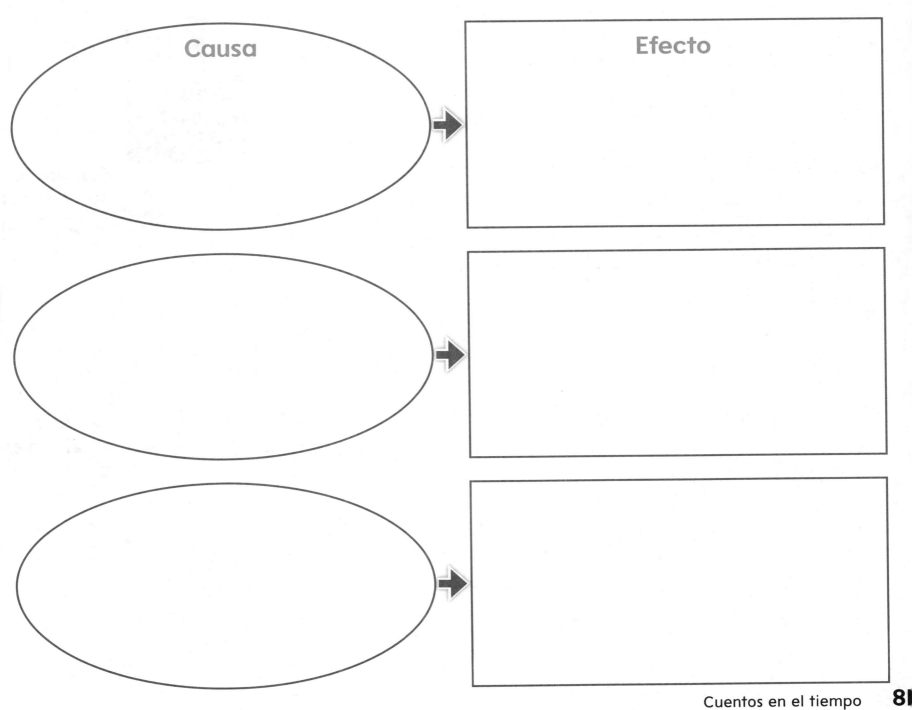

Causa

Efecto

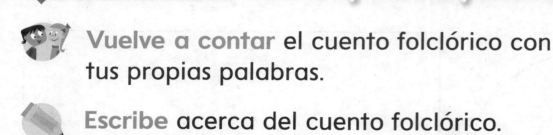 **Vuelve a contar** el cuento folclórico con tus propias palabras.

Juguemos en el bosque

Adaptación de Bertina Araja
Ilustraciones de Raquel Echenique

Escribe acerca del cuento folclórico.

¿Qué hace el lobo mientras las ovejas juegan?

_____

- -

_____

_____

- -

_____

Evidencia en el texto

Página

¿Por qué el lobo corrió tras las ovejas?

_____

- -

_____

_____

- -

_____

Evidencia en el texto

Página

Compara ambos cuentos folclóricos. Coméntalo utilizando oraciones completas.

 Escribe acerca de los cuentos folclóricos.

¿Qué hacen las abejas y las ovejas?

_____

- -

_____

- -

_____

¿Qué otro cuento folclórico conoces en el que aparezca un lobo?

_____

- -

_____

_____

- -

_____

Acuérdate

Piensa en palabras para describir al lobo.

El lobo…

Esto me recuerda…

Comenta las palabras que se repiten en las páginas 49-54.

 Escribe las palabras que se repiten. Luego, léelas en voz alta con un compañero.

Juguemos en el bosque

¿Cómo afectan al cuento las palabras que se repiten? Comparte tu respuesta.

_____

- -

_____

- -

_____

Comenta todo lo que hace el lobo antes de reunirse con las ovejas.

 Escribe los sucesos en orden.

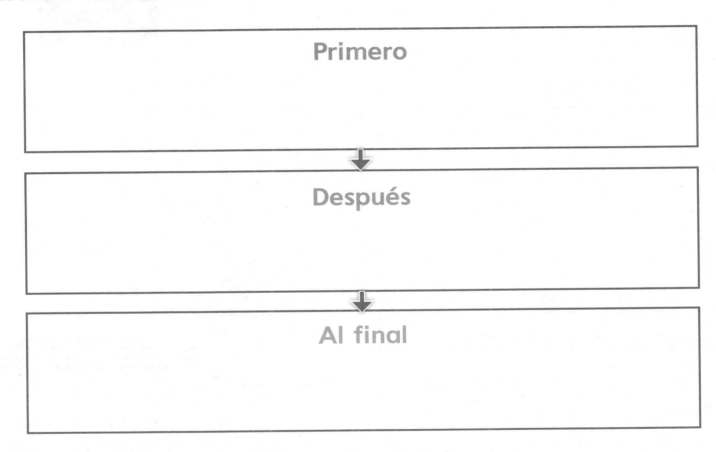

Primero

↓

Después

↓

Al final

¿Cuál es el patrón que se repite en el cuento?

_____

- -

_____

Comenta lo que pasa cuando el lobo termina de vestirse, en las páginas 55-57.

 Escribe acerca del final del cuento.

Juguemos en el bosque

En la página 56...	En la página 57...

¿Cómo cambia el patrón del cuento?

_____

- - - - - - - - - - - - - - - - - -

_____

- - - - - - - - - - - - - - - - - -

_____

 Escríbelo

Imagina que el lobo no quisiera asustar a las ovejas. Luego, escribe un nuevo final para el cuento en tu cuaderno.

A la rueda, rueda

A la rueda, rueda,
de pan y canela,

vístete pronto
y ve para la escuela.

Vamos a cantar,
también a dibujar.

 Lee para conocer una rima tradicional.

 Subraya las palabras que riman con *rueda*.

 Lee la rima en voz alta. Aplaude siguiendo el ritmo. Comenta cómo es el ritmo.

Acuérdate

Cuando lees un poema, puedes aplaudir para marcar el ritmo.

El coquí

Coquí, coquí, coquí, qui, qui, qui
Coquí, coquí, coquí, qui, qui, qui
El coquí, el coquí siempre canta.
Es muy suave el cantar del coquí.
Por las noches a veces me duermo
con el dulce cantar del coquí:
coquí, coquí, coquí, qui, qui, qui.
Coquí, coquí, coquí, qui, qui, qui.

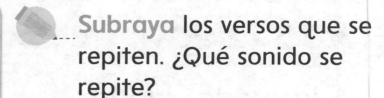

Subraya los versos que se repiten. ¿Qué sonido se repite?

Comenta por qué crees que se repiten esos sonidos. ¿Qué describen acerca del coquí?

Acuérdate

Puedes leer el poema en voz alta para encontrar los sonidos que se repiten.

Comenta qué te hicieron sentir los poemas.

 Escribe el nombre del poema que corresponda a cada recurso.

Palabras que riman	Sonidos que se repiten

¿Por qué los poemas suelen tener palabras que riman y sonidos que se repiten?

_____

- -

_____

- -

_____

Coméntalo

Piensa en más palabras que riman con *rueda*. Luego piensa y comenta un verso para agregar a "A la rueda, rueda".

Búsqueda e investigación

Todo sobre un cuento folclórico

Paso 1 **Encuentra** un cuento folclórico que nunca hayas leído ni escuchado. Busca en internet o en libros.

Paso 2 **Lee** o escucha el cuento folclórico.

Paso 3 **Escribe** el título del cuento folclórico. Luego escribe de qué se trata.

Paso 4 Escribe por qué crees que este cuento folclórico se cuenta desde hace años.

_____

- -

_____

- -

_____

- -

_____

- -

_____

- -

_____

Paso 5 Decide cómo presentarás tu trabajo.

Comenta cómo podría engañar el lobo a la niña de la ilustración.

 Compara los personajes de la pintura con los personajes de "Juguemos en el bosque".

Acuérdate

Puedes comparar los personajes completando las oraciones siguientes:

En Juguemos en el bosque, *los personajes...*

En Caperucita roja, *los personajes...*

En *Caperucita roja*, el lobo intenta engañar a la niña.

Lo que sé ahora

Piensa en los cuentos folclóricos que escuchaste y leíste esta semana. Escribe lo que aprendiste.

_____

- -

_____

- -

_____

- -

_____

 Piensa qué más te gustaría aprender acerca de los cuentos folclóricos. Comparte tus ideas.

 Comenta cuál fue el cuento folclórico que más te gustó esta semana y por qué.

Coméntalo

Pregunta esencial ¿Cómo era la vida antes y cómo es ahora?

Comenta qué están haciendo estas niñas.

 Escribe en qué se parecen y en qué se diferencian los juegos de antes y de ahora.

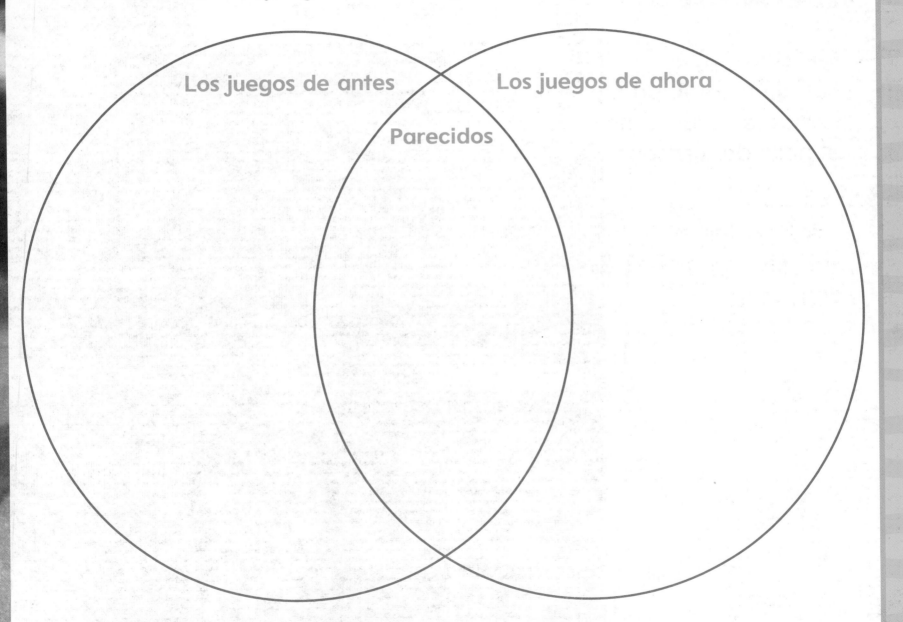

Los juegos de antes

Los juegos de ahora

Parecidos

Fox Photos/Stringer/Hulton Archive/Getty Images

Lectura compartida

Buscar evidencias

Lee para saber cómo ha cambiado la vida en casa con el paso del tiempo.

Encierra en un círculo y lee en voz alta la palabra con *c*.

Pregunta esencial

¿Cómo era la vida antes y cómo es ahora?

La vida en casa

Buscar evidencias

Encierra en un círculo y lee en voz alta las palabras que empiezan con las sílabas *ca* y *co*.

Piensa en lo que has leído. ¿Lo comprendes? Vuelve a leer para estar seguro.

¡La vida de ahora es muy distinta a la de antes!

Antes, la familia usaba la misma habitación para vivir, hacer la comida y dormir.

Ahora se hace cada cosa en una habitación distinta.

Antes, las casas tenían una sola habitación. Ahí comía y dormía toda la familia.

Ahora hay casas enormes. En cada habitación se hace una cosa distinta. ¡Y cada habitación tiene un nombre!

Buscar evidencias

Subraya y lee en voz alta la palabra *vieja*.

Comenta cómo se cocinaba antes. Mira las ilustraciones y vuelve a leer el texto para estar seguro.

¿Qué se usaba antes para cocinar? ¿Cómo se horneaba el pan?

En la casa había un hogar con un tirante de metal. Del tirante pendía una olla enorme. Esa olla se usaba para hacer la comida. ¡Kilos y kilos de comida!

Al lado del hogar había un horno para el pan.

Ahora tenemos estufas a gas o eléctricas.

Ahora usamos una estufa para hacer la comida. La olla se pone sobre la estufa. ¡Pero no es tan grande como esa vieja olla!

Lectura compartida

Leer

 Buscar evidencias

 Encierra en un círculo y lee en voz alta las palabras con las sílabas *ca, co y que*

 Subraya y lee en voz alta las palabras *niño, pequeño, siglo* y *nadie.*

Antes, si eras un niño, tenías que ayudar en casa. Hasta el más pequeño iba con el papá a cultivar. Las mujeres se quedaban con la mamá. Tenían tareas en la casa. ¡La mamá tejía toda la ropa de lana!

La lana se hilaba en la casa.

Ahora compramos la ropa y la comida que queremos.

En este siglo, casi nadie hace la ropa en su casa. Tampoco cultivamos alimentos en casa. ¡Vamos a buscarlos al mercado!

Pero siempre podemos ayudar…

Buscar evidencias

 Comenta por qué hoy es más fácil lavar los platos. Vuelve a leer y mira las ilustraciones para estar seguro.

 Vuelve a contar el texto usando las palabras, las fotos y las ilustraciones.

Antes, el agua se sacaba de un pozo. Se colocaba en una tina y ahí se lavaba todo.

En el pasado se usaba una tina de madera para lavar.

Ahora lavamos las cosas en el fregadero. ¡También hay máquinas que lavan la ropa!

Ahora lavamos todo en el fregadero después de comer.

Los textos de **no ficción** brindan datos e información sobre personas y lugares reales.

 Vuelve a leer "La vida en casa" para saber sobre qué cosas reales trata este texto de no ficción.

 Comenta de qué trata este texto.

 Escribe dos cosas reales que explica el texto. Luego, escribe lo que aprendiste sobre cada cosa.

Cosas reales	Lo que aprendí

Comparar es pensar en qué se parecen las cosas.
Contrastar es pensar en qué se diferencian.

 Vuelve a leer "La vida en casa".

 Comenta en qué se parecen y en qué se diferencian las casas de antes y las de ahora.

 Escribe acerca de las casas de antes y las de ahora.

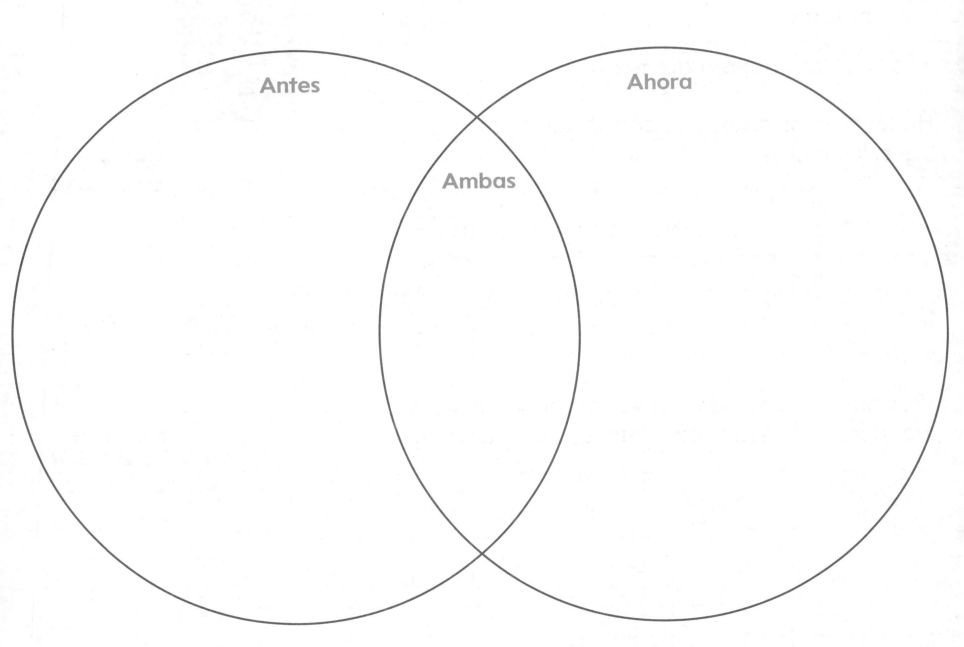

Antes

Ahora

Ambas

Vuelve a contar el texto con tus propias palabras.

 Escribe acerca del texto.

Hace muchos años, ¿de dónde sacaban agua los niños?

Evidencia en el texto

Página

_____

- -

_____

_____

- -

_____

¿Por qué los niños de hoy están más dispuestos a ayudar a lavar la ropa que los niños de antes?

Evidencia en el texto

Páginas

_____

- -

_____

_____

- -

_____

Conecta con el Texto principal

 Comenta en qué se parecen y en qué se diferencian ambos textos.

 Escribe acerca de los textos.

¿Qué comparan y contrastan ambos textos?

_____

_____

_____

¿Qué hacían los niños de antes que aún hacen los niños de ahora?

_____

_____

_____

_____

 Combina información

A medida que lees cada texto, piensa cómo cambian tus ideas.

Primero pensaba que los niños de antes y ahora...

Luego pensé...

Comenta lo que aprendiste del texto en las páginas 68 y 69.

 Escribe sobre las imágenes de las páginas 68 y 69.

Página 68	Página 69

¿Cómo organiza la autora la infomación?

_____

- -

_____

_____

- -

_____

Comenta lo que ves en las fotos de las páginas 70 y 71.

 Escribe sobre lo que muestran las fotos.

Página 70	Página 71

¿De qué manera las fotos te ayudan a comprender la información que brinda el texto?

_____

- -

_____

- -

_____

Antes y ahora **113**

Comenta los detalles de las páginas 72 y 73.

 Escribe los detalles del texto y las fotos.

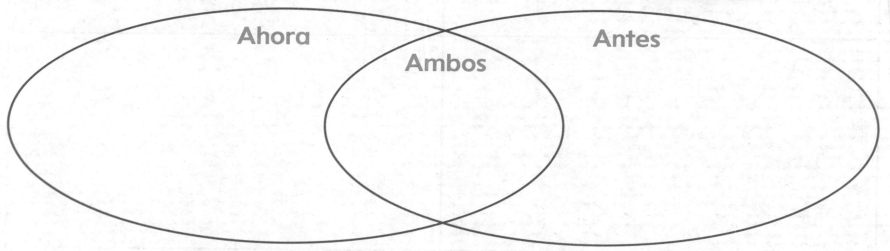

Ahora

Ambos

Antes

¿Qué entiendes a partir de la forma en que la autora organiza la información y los detalles?

_____

- -

_____

- -

_____

 Escríbelo

Basándote en *Antes y ahora*, ¿crees que para los niños es mejor la vida ahora o en el pasado? ¿Por qué?

Del caballo al avión

Hoy viajamos en carros, aviones y trenes. En el pasado no había tantos medios de transporte. Antes de que se inventara el motor, la gente viajaba a pie o a caballo.

 Lee para aprender cómo ha cambiado el transporte.

 Encierra en un círculo las palabras que indican cómo podemos viajar hoy.

 Comenta lo que hizo que cambiaran los medios de transporte.

Library of Congress Prints and Photographs Division [LC-D41-89]

Entonces se inventó el tren. Años después, se inventaron los carros. Pronto, se inventó el avión.

Los aviones pueden volar sobre montañas y océanos. Hoy podemos ir al otro extremo del mundo en un día. ¡Eso antes llevaba mucho tiempo!

 Encierra en un círculo los medios de transporte que se inventaron después de los caballos.

Comenta cómo los aviones cambiaron los viajes.

Acuérdate

Completa las oraciones:

Los aviones ayudan...

Esto es importante porque...

Comenta la información de cada página.

 Escribe una comparación entre cómo viajaban las personas antes y ahora.

Antes	Ahora

¿Por qué "Del caballo al avión" es un buen título para este texto?

_____

- -

_____

- -

_____

Coméntalo

¿Qué quiere la autora que aprendas al leer este texto?

Cómo era la escuela antes

Paso 1 **Elige** una maestra o alguien del personal de la escuela para preguntarle cómo era su escuela.

_____

- -

_____

Paso 2 **Escribe** tus preguntas sobre la vida escolar de antes y la de ahora.

_____

- -

_____

_____

- -

_____

_____

- -

_____

Paso 3 **Haz** las preguntas.

Paso 4 Escribe lo que aprendiste acerca de las diferencias entre la escuela de antes y la de ahora.

_____

- -

_____

_____

- -

_____

_____

- -

_____

_____

- -

_____

Paso 5 Decide cómo presentarás tu trabajo. Puedes elegir grabar tu entrevista o realizar un cartel de una escuela de antes.

Haz conexiones

 Comenta lo que están haciendo los niños de la fotografía.

 Compara la fotografía con el texto *Antes y ahora.*

Allan Cash Picture Library/Alamy Stock Photo

Lo que sé ahora

Piensa en los textos sobre antes y ahora que escuchaste y leíste esta semana. Escribe lo que aprendiste.

_____

- - - - - - - - - - - - - - - - - - -

_____

- - - - - - - - - - - - - - - - - - -

_____

_____

- - - - - - - - - - - - - - - - - - -

_____

 Piensa qué más te gustaría aprender acerca de la vida en el pasado. Comenta tus ideas.

 Comparte algo que aprendiste esta semana acerca de los textos de no ficción.

Coméntalo

Pregunta esencial ¿Cómo llega el alimento hasta nosotros?

Comenta qué está haciendo el hombre de la foto.

 Escribe tus ideas acerca de qué pasa con los tomates después de que se cosechan.

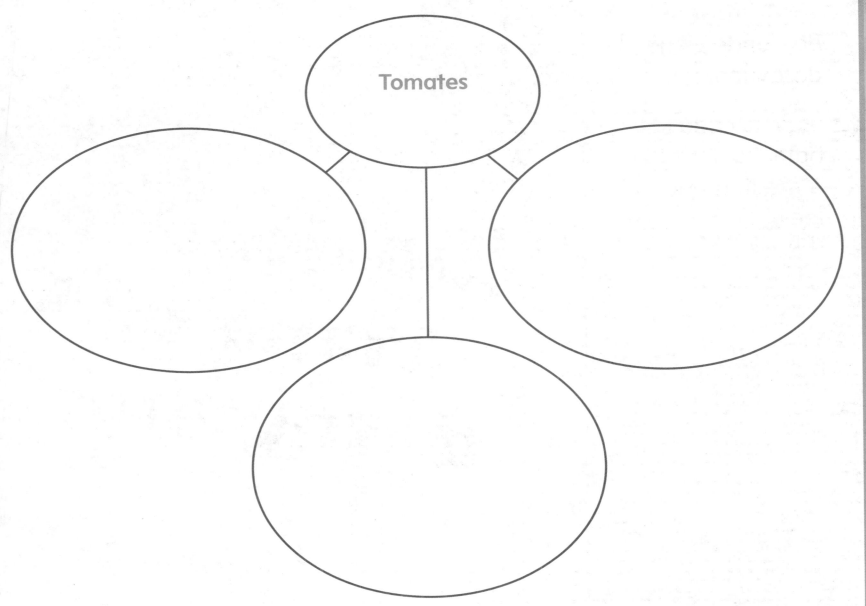

Tomates

Buscar evidencias

Lee para saber de dónde viene el desayuno.

Señala cada palabra del título a medida que la lees.

¿De dónde viene el desayuno?

Lectura compartida

Buscar evidencias

Subraya y lee en voz alta la palabra *suelo*.

Vuelve a leer para asegurarte de que comprendes cómo se hace la harina. Vuelve a leer la página 126 si lo necesitas.

El pan es bueno para el desayuno. ¡Pero esto aún no es pan! Es trigo que sale del suelo fértil.

Para hacer harina hay que moler el trigo.

Bloomberg via Getty Images

Primero, se hace la masa.
Después, se amasa el pan
y se coloca en el horno.
¡Pronto estará listo!
Por último, el pan se
vende en la panadería.

Buscar evidencias

Subraya y lee en voz alta la palabra *encima*.

Comenta cómo se hace la jalea. Mira las ilustraciones y vuelve a leer el texto para asegurarte de comprender.

No hay nada como la jalea de uva para untar encima del pan. ¡Pero esto aún no es jalea! Son uvas que maduran al sol.

Las uvas se cosechan cuando están maduras.

Las uvas van en camión hasta la fábrica de jalea. Aquí se muelen las uvas para hacer puré. Después, el puré se cocina hasta que se hace la jalea. ¡Y queda muy rico!

Buscar evidencias

Encierra en un círculo y lee en voz alta las palabras que tengan la letra *ñ*.

Subraya y lee en voz alta las palabras *tierra*, *ocho* y *dentro*.

El sol y la tierra fértil dan naranjas muy ricas. ¡Las de este año son enormes! Hoy recogemos las que ya están maduras. Mañana las mandamos a otro lado. ¿Adónde?

White Star/Monica Gumm/imageBROKER/age fotostock

Ayer las naranjas estaban en el árbol... y hoy están en la fábrica de jugo. Él trabaja ocho horas por día. Pone las naranjas dentro de una máquina. Cuando las saca... ¡tiene mucho jugo!

Lectura compartida

Leer

Buscar evidencias

Encierra en un círculo y lee en voz alta las palabras con la sílaba *yu*.

Vuelve a leer las partes del texto que no comprendas bien antes de volver a contarlo.

Los alimentos van en camión de la fábrica al mercado. Desde el mercado los llevamos a casa. ¡Ya tenemos todo! ¡A desayunar!

(t) Mark Richardson/Alamy; (b) Ariel Skelley/Blend Images/Getty Images

Nuestro desayuno da mucho trabajo.

Alimento	De dónde viene	Cómo se hace
pan	trigo	Para hacer harina hay que moler el trigo. Se hace la masa. Se hornea el pan.
jalea de uva	uvas	Las uvas se muelen para hacer puré. El puré se cocina para hacer jalea.
jugo de naranja	naranjas	Las naranjas se aplastan para sacar el jugo.

Los textos de no ficción brindan datos acerca de cosas reales. Usan fotos para ampliar la información.

¿De dónde viene el desayuno?

 Vuelve a leer "¿De dónde viene el desayuno?" para saber por qué es un texto de no ficción.

 Comenta lo que ves en las fotos.

 Escribe dos datos del texto. Luego escribe qué otros datos brindan las fotos.

Datos del texto	Datos de las fotos

Los autores suelen brindar la información en secuencia, es decir, en orden cronológico. Las palabras como *primero, después, luego* y *al final* te ayudan a comprender la secuencia.

¿De dónde viene el desayuno?

Vuelve a leer la página 127 de "¿De dónde viene el desayuno?"

Comenta cómo se hace el pan.

Escribe los pasos que se siguen para hacer el pan.

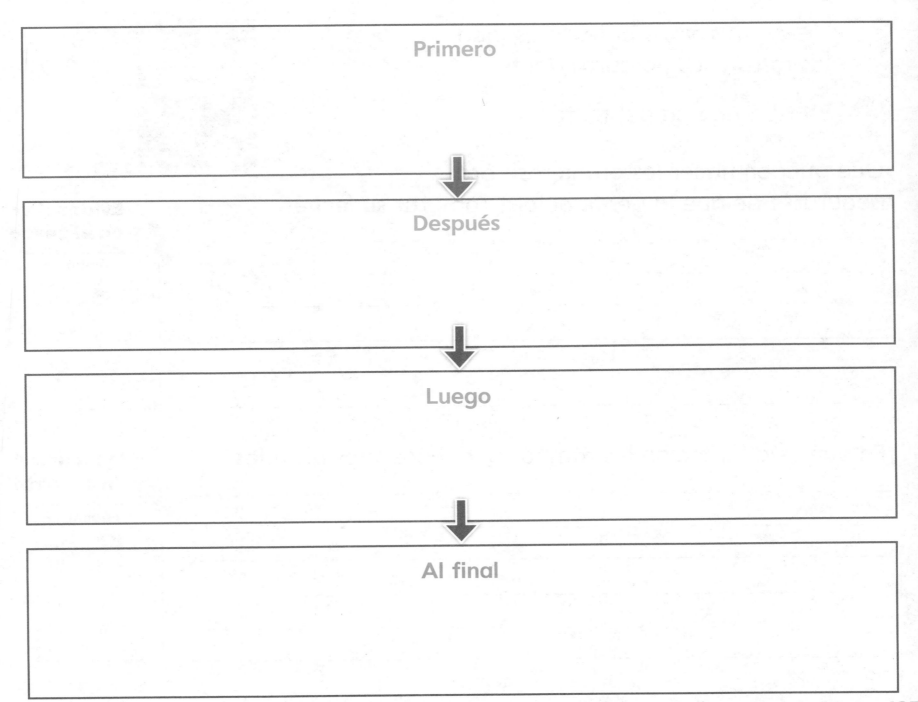

Primero

Después

Luego

Al final

Vuelve a contar el texto usando las fotos y las palabras del texto.

 Escribe acerca del texto.

De las vacas para ti

¿Qué pueden hacer los granjeros para asegurarse de que la gente quiera comprar su leche?

_____

_____

_____

_____

Evidencia en el texto

Página

¿En qué se diferencian los tambos pequeños y los grandes?

_____

_____

_____

_____

Evidencia en el texto

Página

Comenta cómo están organizados ambos textos. Usa oraciones completas.

 Escribe acerca de los textos.

¿En qué se parecen ambos textos?

_____

_____

_____

_____

¿De dónde viene la comida? Usa evidencia de ambos textos.

_____

_____

_____

Acuérdate

Puedes completar las oraciones para comparar los textos.

"¿De dónde viene el desayuno?" describe los pasos de...

De las vacas para ti describe los pasos de...

Ambos textos cuentan...

Comenta lo que muestran las fotos de la página 88.

 Escribe lo que dice el texto acerca de las fotos.

Veo...	Leo que...

¿Qué te ayudan a comprender las fotos?

_____

- -

_____

- -

_____

Comenta la información de las páginas 89 a 91.

 Escribe los detalles del texto que responden a estas preguntas.

¿Dé qué trata el texto?	¿Cómo organiza el autor la información?

¿Qué quiere el autor que comprendas acerca de la leche?

_____

_____

_____

_____

 Escríbelo

Basándote en *De las vacas para ti,* ¿qué trabajo en el proceso de la leche te gustaría tener? ¿Por qué?

Tabla de alimentos

Los lácteos son un grupo de alimentos. Otros grupos son los cereales, las frutas, las verduras y las proteínas.

Una dieta sana debe tener alimentos de todos los grupos.

 Lee para aprender acerca de los grupos de alimentos.

 Encierra en un círculo las palabras que indican los cinco grupos de alimentos.

 Subraya la oración que indica lo que debe tener una dieta sana.

¿Tú comes alimentos de todos los grupos? Esta tabla te ayudará a saberlo.

Cinco grupos de alimentos

Lácteos	Granos	Frutas	Vegetales	Proteínas
leche	pan	manzanas	lechuga	huevos
queso	arroz	bananas	zanahorias	nueces
yogur	pastas	naranjas	brócoli	carne

 Encierra en un círculo tu alimento favorito de la tabla. Comenta a qué grupo pertenece.

 Comenta qué información muestra la tabla, que no está en el texto.

Coméntalo

¿Por qué el autor incluyó una tabla de alimentos?

Investiga sobre un alimento

Paso 1 **Elige** un alimento para aprender sobre él.

_____

- -

_____

Paso 2 **Escribe** preguntas sobre de dónde viene
el alimento.

_____

- -

_____

_____

- -

_____

_____

- -

_____

Paso 3 **Consulta** índices para buscar información.
Lee para hallar las respuestas.

Paso 4 Escribe lo que aprendiste acerca del alimento. Ordena la información en la secuencia correcta.

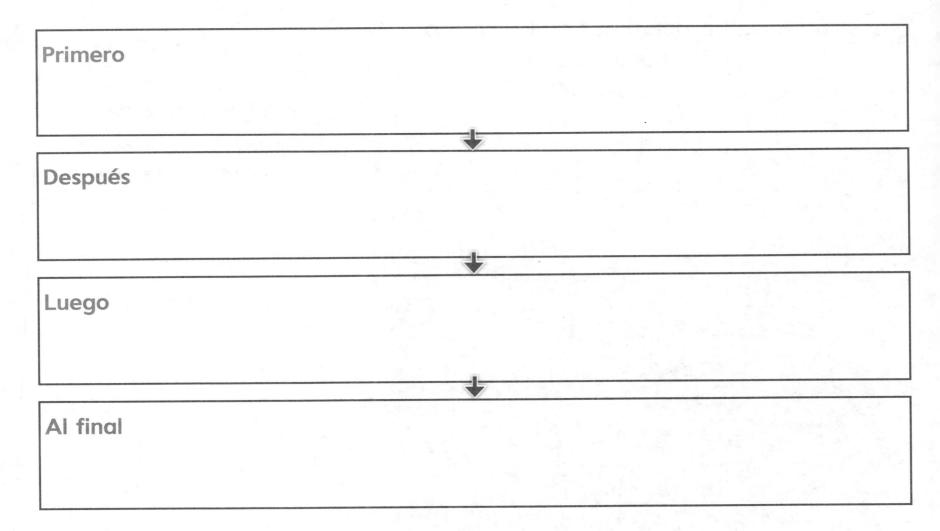

Primero

Después

Luego

Al final

Paso 5 Decide cómo presentarás tu trabajo.

Comenta lo que ves en la pintura. ¿Qué te indica acerca del lugar de donde vienen las aceitunas?

 Compara las aceitunas de la pintura y las uvas para hacer jalea en "¿De dónde viene el desayuno?".

Acuérdate

Para comparar, puedes completar estas oraciones:

Las aceitunas vienen de...

La jalea se hace de...

Ambas...

En la pintura, se ven trabajadores que recogen aceitunas.

Courtesy National Gallery of Art - Washington

Lo que sé ahora

Piensa en los textos que escuchaste y leíste esta semana acerca de cómo los alimentos llegan a tu mesa desde las granjas. Escribe lo que aprendiste.

_____

- -

_____

- -

_____

- -

_____

 Piensa en qué más te gustaría aprender acerca de cómo obtenemos alimentos.

 Comparte algo que aprendiste esta semana acerca de los textos de no ficción.

Escritura y gramática

Danica

Escribí un texto de no ficción.
Trata sobre cosas y hechos reales.

No ficción

Mi texto de
no ficción
incluye datos e
información.

Modelo del estudiante

Relojes pulsera

Los relojes pulsera no existieron siempre.

¿Qué se usaba en el pasado para saber

la hora?

La gente debía buscar su reloj en el bolsillo.

Los soldados necesitaban ver la hora rápido.

Por eso, se ataban los relojes en la muñeca.

Es más fácil ver la hora si el reloj está en

la muñeca.

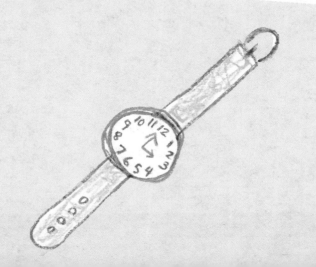

Plan

 Comenta tus ideas para un texto de no ficción.

 Dibuja o **escribe** acerca de tus ideas.

> ### Acuérdate
> Para hacer una lluvia de ideas, piensa en temas que te interesen y que conozcas bien.

Elige un tema para escribir tu texto de
no ficción. Piensa en algo que conozcas.

_____

- -

_____

Escribe datos sobre tu tema.

_____

- -

_____

- -

_____

- -

_____

 Encierra en un círculo detalles que
indiquen por qué tu texto es de no ficción.

Escritura y gramática

Borrador

Lee el borrador del texto de no ficción de Danica.

Modelo del estudiante

Organización

Comencé con el tema. Luego, escribí más acerca de esa idea.

Relojes pulsera

Los relojes pulsera no existieron siempre.

A las personas les resultaba difícil ver la hora.

Debían buscar su reloj en el bolsillo.

Blend Images/Shutterstock

Los soldados necesitaban ver la hora.

Por eso, se ataban los relojes en la muñeca.

Es más fácil ver la hora si el reloj está en

la muñeca.

Comparar y contrastar

Comparé cómo se veía la hora antes y después de que existieran los relojes pulsera.

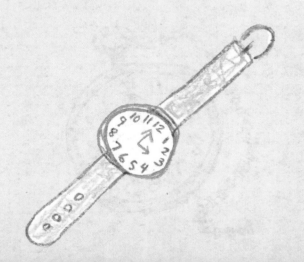

Tu turno

Comienza a escribir tu texto de no ficción. Usa tus ideas y datos de las páginas 150 y 151. Incluye detalles acerca de tu tema.

Revisión y corrección

Piensa en las revisiones y correcciones que hizo Danica a su texto de no ficción.

Me aseguré de usar correctamente los verbos en pasado.

Modelo del estudiante

Relojes pulsera

Los relojes pulsera no existieron siempre.

Añadí una pregunta que se responde en mi texto.

¿Qué se usaba en el pasado para saber la hora?

La gente debía buscar su reloj en el bolsillo.

Usé
correctamente
los verbos *ser*
y *estar*.

Escribí
correctamente las
palabras con *h*.

Gramática

- Los verbos son palabras de acción.

- Los verbos pueden estar en tiempo presente, pretérito o futuro.

- El verbo *es* habla de un sustantivo. El verbo *son* habla de más de un sustantivo.

- El sustantivo y el verbo deben concordar.

Los soldados necesitaban ver la hora rápido.

Por eso, se ataban los relojes en la muñeca.

Es más fácil ver la hora si el reloj

está en la muñeca.

Agregué un detalle
para brindar más
información.

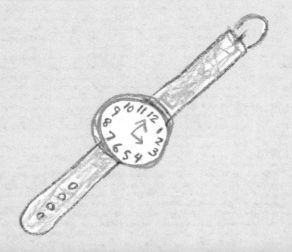

Tu turno

Revisa y corrige tu texto.
Usa tu cuaderno. Asegúrate
de escribir los verbos en el
tiempo correcto.

Publica

 Termina de corregir tu texto. Asegúrate de que sea claro y de que esté listo para ser publicado.

 Practica tu presentación con un compañero. Usa la siguiente lista.

 Presenta tu trabajo.

Comprueba tu trabajo	Sí	No
Escritura		
Escribí un texto de no ficción.	☐	☐
Incluí detalles acerca del tema.	☐	☐
Hablar y escuchar		
Escuché con atención a los demás.	☐	☐
Esperé mi turno para hablar.	☐	☐
Compartí información sobre mi tema.	☐	☐

wavebreakmedia/Shutterstock.com

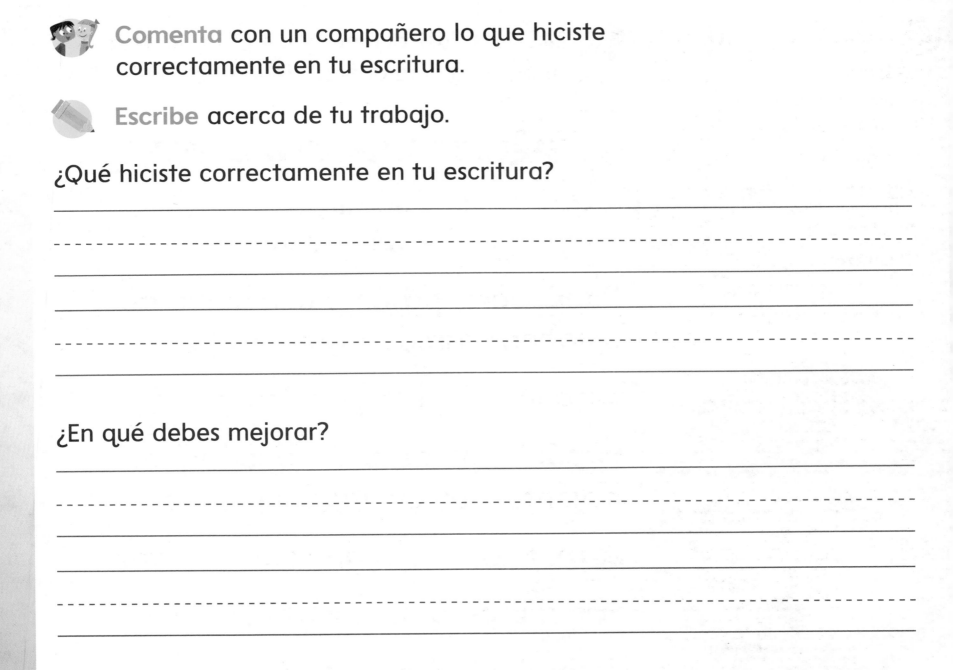 **Comenta** con un compañero lo que hiciste correctamente en tu escritura.

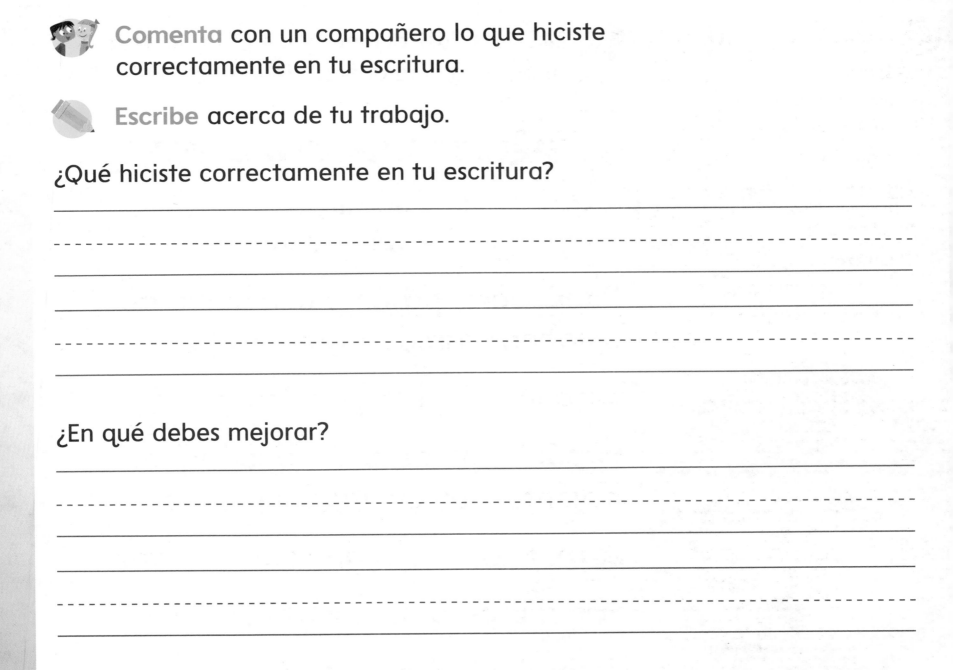 **Escribe** acerca de tu trabajo.

¿Qué hiciste correctamente en tu escritura?

_____

- -

_____

_____

- -

_____

¿En qué debes mejorar?

_____

- -

_____

_____

- -

_____

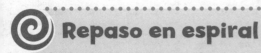

Repaso en espiral

Género:
- Obra de teatro
- No ficción

Estrategia:
- Hacer y confirmar predicciones; Volver a leer

Destreza:
- Personaje, ambiente, trama; Secuencia

 Mira las ilustraciones y lee el título. Haz una predicción acerca de la obra de teatro.

¡Quiero gelatina ya!

Personajes
Papá   Jero

Papá: Jero, pásame una cajita de gelatina. Vamos a prepararla.

Jero: ¡Sí! ¡Quiero gelatina de piña!

Papá: Lo primero es poner agua caliente. Con cuidado, sin derramar.

Jero: Papá... ¿Puedo revolverlo yo?

Papá: Espera, te puedes quemar.

Jero: ¿Ya la puedo probar?

Papá: No... ¡No te apures tanto! La gelatina tarda un poco...

Jero: ¡Pero tengo hambre ahora! ¿Puedo probar un poquito?

Papá: Mira. Ahora la ponemos en el refrigerador y esperamos.

Jero: ¿Cuándo estará lista? ¿En cinco minutos? ¿En ocho minutos?

Papá: Esta noche. Será el postre.

Jero: ¡No puedo esperar tanto!

Papá: Ja, ja, ja. ¡Ten paciencia!

Como decía mi abuelo: "El que sabe comer... sabe esperar".

Cambios con el paso del tiempo **159**

Lo que aprendiste

Encierra en un círculo la respuesta correcta para cada pregunta.

1 Papá y Jero preparan gelatina para –

A comerla de postre.

B regalársela a los vecinos.

C una fiesta de cumpleaños.

2 Jero no puede probar la gelatina porque –

A es alérgico a la piña.

B no tiene mucha hambre.

C tiene que esperar a que esté lista.

3 ¿Cómo sabes que es una obra de teatro?

A Lo que dice cada personaje está después de su nombre.

B Tiene personajes que no podrían existir en la vida real.

C Brinda información sobre la gelatina.

Acuérdate

Para comprender el problema de Jero y su solución, piensa en lo que le dice su papá al final de la obra.

Lee "Perrito y perro". Vuelve a leer las partes que no comprendas bien.

Perrito y perro

¿Los perritos son solo perros pequeños? No. Los perritos no pueden hacer las mismas cosas que los perros adultos. No se pueden parar. No ven bien. No tienen muy buen olfato. Entonces, ¿qué hacen los perritos?

Los perritos duermen la siesta. Y comen. Dormir y comer los ayuda a crecer.

En poco tiempo, los perritos también se paran, ven y huelen.

También comen alimentos nuevos.

Pronto empiezan a jugar. Saltan y corren mucho.

Al final, los perritos se convierten en perros.

Encierra en un círculo la respuesta correcta para cada pregunta.

1 ¿Cómo sabes que este es un texto de no ficción?

A Tiene diálogos.
B Habla sobre un animal real.
C Cuenta sucesos que no podrían ocurrir en la vida real.

2 ¿Cuándo comen alimentos nuevos los perritos?

A cuando nacen
B antes de ver bien
C después de pararse, ver y oler bien

Acuérdate

Busca palabras que indiquen cuándo los perritos pueden hacer cosas.

3 ¿Qué hacen los perritos cuando nacen?

A Duermen mucho.
B Juegan mucho.
C Ladran mucho.

Enfoque en las obras de teatro

El **teatro** es un género literario. Una obra de teatro está escrita para ser representada. Tiene diálogos, es decir, palabras que los personajes dicen, y un ambiente.

 Vuelve a leer *La yuca de Anahí.*

 Comenta cómo sabes que se trata de una obra de teatro.

Escribe acerca de la obra de teatro.

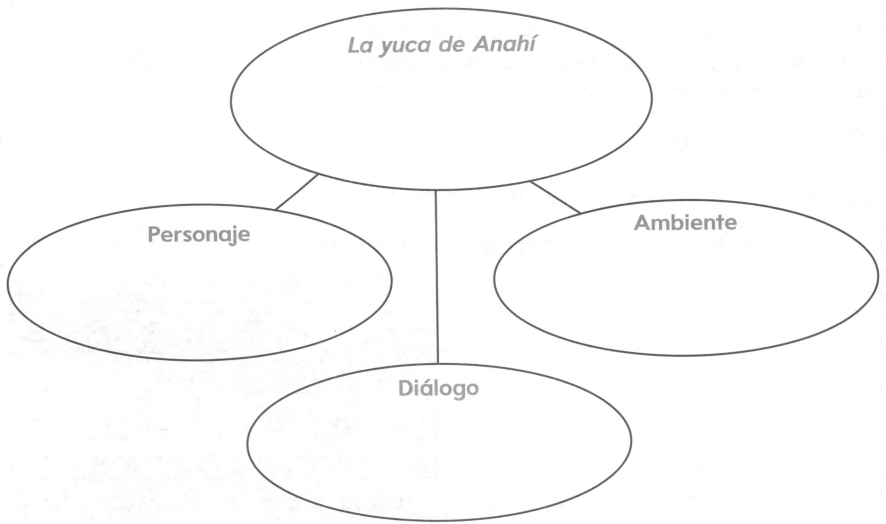

La yuca de Anahí

Personaje

Ambiente

Diálogo

 Comenta en qué se diferencian las obras de teatro de otros textos.

Responde a la Lectura en voz alta

Los **sucesos** son lo que pasa al principio, en el desarrollo y al final de un cuento. Todos los sucesos importantes forman la **trama**.

 Escucha "Un cambio en la rutina".

 Comenta lo que pasa en el cuento.

 Escribe tres sucesos importantes del cuento.

1.

2.

3.

Amplía el vocabulario

Esta semana aprendiste que los verbos, tales como *saludar, correr, sonreír, ver* y *jugar* son palabras que expresan acción.

 Comenta cuándo se usan las palabras de acción.

 Rotula las acciones que ves en esta ilustración de "Renata y los días de la semana".

 Usa algunas de esas palabras en una oración.

Otras palabras de acción son *romper,* *sorprender* y *esconder.*

 Dibuja una escena que muestre alguna de estas palabras de acción. Luego, comparte tu trabajo.

Haz un calendario

Los calendarios sirven para saber lo que pasa cada día.

 Crea tu propio calendario. Incluye dibujos y palabras para mostrar sucesos o días especiales.

 Comenta la información que incluiste en tu calendario.

 Comparte tu trabajo con la clase.

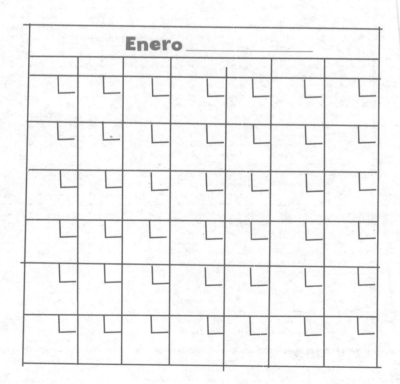

Leer en línea TIME FOR KIDS

Los textos interactivos tienen hipervínculos en barras laterales en los que puedes hacer clic. Escucha "Las estaciones traen cambios" en my.mheducation.com. Haz clic en los barras laterales.

 Comenta la información que se brinda en las barras laterales.

Escribe lo que aprendiste.

_____

- -

_____

- -

_____

- -

_____

Escribe una nota de agradecimiento

Una **nota de agradecimiento** es una carta breve para dar las gracias.

 Mira y **escucha** esta nota de agradecimiento.

El **saludo** indica para quién es la nota.

> Querida Lucy:

En el **cuerpo** de la nota, escribe por qué estás agradecido.

> Gracias por venir a mi fiesta la semana pasada y por el calendario que me regalaste. ¡Me encantó!

La **despedida** indica de parte de quién es la nota.

> Con cariño,
>
> Ezra

Comenta a quién te gustaría agradecerle.
Escribe tu nota con claridad.

Querido:/Querida: _____,

_____

_____

_____

_____

_____

Con cariño,

_____

Amplía lo que aprendiste

Elige un libro

 Elige un libro que te gustaría leer.
Comenta por qué te gustaría leerlo.

Acuérdate

Intenta leer durante un tiempo un poquito más largo cada vez.

 Escribe el título.

_____

- -

_____

 Escribe sobre el libro.
¿De qué trata? ¿Te gustó?
¿Por qué?

 Minutos que leí

_____

- -

_____

- -

_____

- -

_____

¿Qué aprendiste?

Piensa en las destrezas que has aprendido.
¿Cómo te sientes con lo que puedes hacer?

Identifico personajes, ambiente y trama.	🙂	😐	🙁
Comprendo la secuencia.	🙂	😐	🙁
Comprendo cómo comparar y contrastar.	🙂	😐	🙁

¿En qué te gustaría mejorar?

_____

- -

_____

_____

- -

_____

Tarjetas de fonética

Credits: (abeja) IT Stock Free/Alamy; (bate) Radlund & Associates/Artville/Getty Images; (camel) Dave Stamboulis Travel Photography/Flickr/Getty Images; (delphin) imagebroker/Alamy; (elephant) Ingram Publishing/Alamy; (fire) Comstock Images/Alamy; (guitar) Jules Frazier/Photodisc/Getty Images; (hipopotamo) Michele Burgess/Corbis; (iguana) Creatas/PunchStock; (jirafa) Ingram Publishing/Alamy; (koala) ©Al Franklin/Corbis; (limon) C Squared Studios/Photodisc/Getty Images; (nest) Siede Preis/Photodisc/Getty Images; (nandu) Photodisc/Getty Images; (oso) Photodisc/Getty Images; (piano) Photo Spin/Artville/Getty Images; (queso) John A. Rizzo/Photodisc/Getty Images; (rosa) Steve Cole/Getty Images; (sol) 97/E+/Getty Images; (tortuga) Ingram Publishing/Fotosearch; (uvas) Ingram Publishing/Alamy; (vocan) Westend61/Getty Images; (Washington) Comstock/PunchStock; (taxi) Stockbyte/Stockdisc/Getty Images; (yo-yo) D. Hurst/Alamy; (zapatos) C Squared Studios/Photodisc/Getty Images

Aa  a	Bb  ba be bi bo bu	Cc  ca co cu	Cc  ce ci	Ch ch  cha che chi cho chu	Dd  da de di do du	Ee  e	Ff  fa fe fi fo fu	Gg  gue gui güe güi ga go gu
abeja	bate	camello	cepillo	chaleco	delfín	elefante	fuego	guitarra

Gg  ge gi	Hh  ha he hi ho hu	Ii  i	Jj  ja je ji jo ju	Kk  ka ke ki ko ku	Ll  la le li lo lu	Ll ll  lla lle lli llo llu	Mm  ma me mi mo mu	Nn  na ne ni no nu
gema	hipopótamo	iguana	jirafa	koala	limón	llave	mapa	nido

Ññ 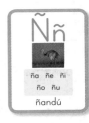 ña ñe ñi ño ñu	Oo  o	Pp  pa pe pi po pu	Qq  que qui	Rr  ra re ri ro ru -rra -rre -rri -rro -rru	Rr  -ra -re -ri -ro -ru -ar -er -ir -or -ur	Ss  sa se si so su	Tt  ta te ti to tu	Uu  u
ñandú	oso	piano	queso	rosa	pera	sol	tortuga	uvas

Vv  va ve vi vo vu	Ww  wa we wi wo wu	Xx  xa- xe- xi- xo- xu-	Xx  -xa -xe -xi -xo -xu	Xx  -xa -xi	Yy  ya ye yi yo yu	Zz  za ze zi zo zu
volcán	Washington	xilófono	taxi	México	yo-yo	zapato

Aa Bb Cc Dd Ee

Ff Gg Hh Ii Jj

Kk Ll Mm Nn Ññ

Oo Pp Qq Rr

Ss Tt Uu Vv

Ww Xx Yy Zz